PALABRAS
ENAMORADAS
NUNCA
DEBERÍAN MORIR

Villar Pavón, Jesús María
Palabras enamoradas nunca deberían morir
España, Badajoz, Abril 2020.
 pag.166 ; 13,34 cm x 20,32 cm

ISBN: 9798636072959

1. Poesía hispanoamericana. 2. poemas. I. Título

Diseño de tapa: Jesús María Pavón
Diseño de cubierta e interiores: Ana Abregú.

Impreso en Amazon

EL AMOR

Hay algo más absurdo
que un libro sin palabras?
¿De qué sirve ese libro
aunque tenga mil páginas?
Aun con tapas de oro
sin el verbo, es la nada.

No contiene misterios
no cuenta, no te habla
no transmite emociones;
es como mar sin agua.

Tú eres ese libro…
Mujer…
No tienes alma.

Niña de los pies descalzos
quiero llevarte a la playa
para que dejes tus huellas
en la arena de una cala.

Niña de los pies descalzos
iremos de madrugada
y antes de que salga el sol
bailarás con la alborada.

Niña de los pies descalzos
yo te llevaré en volandas
desde tu casa a la orilla
y de la orilla a tu casa.

Niña de los pies descalzos
¡Qué bien bailas!
¡qué bien bailas!

Niña de los pies descalzos
es tarde y la luna llena
ha subido la marea...

De tanto bailar sin pausa
ya debes estar cansada.
¡Corre, adéntrate en el agua!
¡báñate los pies en plata!

El cielo, nuestro amor y nuestra gata

Beso a beso recorro tu figura
abiertos mantenemos los balcones
de la casa, y nuestros corazones
se embriagan de placer y de ventura.

Te amo lentamente, sin premura
disfrutando de las mil sensaciones
que embargan a mi cuerpo, entre emociones
de placeres, de amor y de locura.

Nuestra gata se escapa, en el tejado
se encarama, y al cielo maullando
le cuenta que esta noche hemos amado.

El cielo sabe ya del cómo y cuándo
de nuestro amor; la gata lo ha contado.
Y alegre baja, está ronroneando.

Arranco el mantel verde
la mesa está desnuda
como lo está mi alma
con el dolor reciente
de tu despedida.

Con rabia incontenida
tiro los tres objetos
que, por siempre, vivieron
junto a mi larga vida.

Ayer fueron recuerdos
colmados de alegria
hoy, solo cachivaches
más tristes que mi alma.

Un frasco con azúcar
este servilletero
que un día fue de color crema
y el viejo cenicero
tan desgastado.

La mesa era pequeña
pero ahora es casi mínima
o al menos, me parece.
No consigo llenarla

ni con mi propia sombra.
¡Tan solo yo me encuentro...!

Tan solo está mi cuerpo
que, ni el gatito blanco
frotándose en mis piernas
puede darme consuelo.

El café, que lento, bebo
sorbo a sorbo y en silencio
se convierte en mi enemigo.

Le grito al café negro
"¡¿por qué no eres veneno?!".

Llorando miro al techo...

¡Cómo te echo de menos...!

Reencarnación

Desconocida mía.
Deduzco por la forma de mirarnos
que ya nos conocemos.

¿Acaso de otra vida?
¿Tal vez fuimos amantes
en otro espacio y tiempo?

Lo afirman nuestros ojos
cuando cruzo tu esquina
de manera furtiva.

No conozco tu nombre
ni conoces el mío;
somos tan solo extraños
en el sendero.

Y sin embargo...
¡Hablamos tanto tiempo
cuando solo un segundo
nos miramos!

Ya lo sabemos todo
el uno del otro.

Algún día nos tendremos

y besaré tus labios
con el mismo amor
que hace miles de años.

Mutaciones

Me hice flor para lucir tu pelo
aquella primavera.

Para que respirases cambié en aire
para ser tu alimento me hice trigo.
Para que caminaras ida y vuelta
tuve que ser camino.

Para verte desnuda me hice lago.

Árbol por darte leña en el invierno frío
morada por guardarte
puente para tu río
y hasta me hice tu sombra
para vivir contigo.

Algún día me haré tiempo
porque así, eternamente
tu alma será mía
por los siglos y siglos.

(Me siento culpable)

Eras ánfora repleta de ambrosía
nunca pude aspirar mejor perfume
que el de tu propio cuerpo, que resume
lo mejor de mi vida, amada mía.

Yo egoísta, te quise hasta gastarte
siempre pensando en mí, tú no importabas.
¿Acaso fuí un ladrón, o tú me dabas?
pero yo te bebí hasta apurarte.

Me duele el corazón y el alma mía.
¿Qué puedo hacer ahora? ¿Nada o tanto?
Déjame que te rellene con mi llanto...
No quiero que seas ánfora vacía.

Celos

Van mis rimas...
Siempre corriendo de prisa
impetuosas, vehementes
porque temen que la brisa
te enamore y tú la sigas.

Mis versos, recién escritos
se escapan de entre mis manos
susurrando en tus oídos
requiebros de amor;
¡en vano!

Nada pueden mis palabras...
¿Van a luchar contra el agua
que baja de la colina
solo para ver tu cara?

Yo no puedo más, me rindo;
tu belleza es sobrehumana
tanto, que hasta el sol intenta
colarse por tu ventana.

Cuando tú pasas, las flores
te miran casi con rabia
porque eres más hermosa
que la hortensia y que la dalia
y, el campo de girasoles
por mirarte, da la espalda
al sol que brilla y los baña.
Sin embargo, son los celos

y el tormento que desatan
los que me rompen por dentro
los que me hieren y matan.

Tengo celos de las rosas
sobre todo de las blancas
porque son las más bonitas
y son las que más te encantan.

Tengo celos del ocaso
del ruiseñor, de la playa
del espejo en que te miras
de tu blusa y de tu falda.

Y aquí estoy, siempre escribiendo
que te quiero, y que te quiero
y no me sirve de nada...
¡Cada día tengo más celos!

Déjame contigo

Déjame ser ese reloj parado con su cuerda rota
el cuadro de la abuela que nadie mira
la lámpara que no luce
la cafetera vieja
la gabardina que ya pasó de moda
ese libro que lleva tanto tiempo sin leerse
el azulejo roto
los balcones a una falta de pintura
el sofá arañado por los gatos
la antigua gramola de discos de pizarra.

Déjame ser el frasco de colonia inacabable
la botella que envejece en la bodega.

Déjame ser el calzo de la mesa
cualquier trasto inútil de los muchos que tienes.

Déjame que sea algo de lo que ya no quieres y sin
embargo, aún conservas.

Aunque no me necesites, déjame contigo...
La casa es grande.

Déjame en un rincón, perdido y olvidado
pero nunca, nunca me abandones.

Eres

Eres la llama que danza
y me ilumina el camino
eres el misterio eterno
que eternamente persigo.

Eres ese olor a rosas
a nardos, jazmín y lirios
eres el agua que escapa
llevándose mis delirios.

El pincel que pinta en oro
el aura de mi destino
cuando me fundo en tu cuerpo
cuando tu cuerpo es el mío.

Eres la vereda dulce
que hace el andar bonito
sin prisas, mirando al cielo
disfrutando lo infinito.

Son tus ojos, luz de luna
tus ojos, que tanto admiro
aunque de noche, mi alma
no consiga definirlos.

Eres colmo a mis deseos

eres de mi ser, motivo
me rompes, quemas y abrasas
pero si faltas, no vivo.

Eres la magia que embruja
eres reina del hechizo
eres y serás eterna...
Eres el Edén perdido.

Planté semillas de cielo
en el jardín de tu casa
y nacieron cien luceros
brillantes como las brasas.

Cuando te vieron, quedaron
prendados de tu belleza
y no quisieron subir
al cielo, de donde eran.

Y aunque Dios les conminaba
para abandonar la tierra
y a su lugar regresaran
los luceros, no escuchaban.

A todos enamoraste
todos querían reflejarse
en tus ojos y en tu cuerpo
y es que de tanto mirarte
se olvidaron del celeste
del que ellos eran parte.

Llegó la luna curiosa
pues los echaba de menos.
¡También se quedó en tu casa
iluminando el alero!

Y a veces, impetuosa
como un amante vehemente
atravesaba ventanas
porque quería conocerte.

El rumor se hizo tan fuerte
que llegó hasta las estrellas
y cada noche bajaban
para admirar tu belleza.

Y sucedió algo terrible...
¡Se hizo negro el firmamento!

Las estrellas, en la tierra
se olvidaron de ese cielo...

Acaba invierno

Acaba invierno, acaba
que no veo gorriones
saltando en mi ventana.

Acaba invierno, acaba
que se han muerto las flores...
¿Culpable...? Tu nevada.

Acaba invierno, acaba
que ya no hay girasoles
danzando en la mañana.

Acaba invierno, acaba.
Me queda poca leña
y es fría la madrugada.

Acaba invierno, acaba…

Que a las niñas bonitas
nunca les veo la cara.

Me quedé mirando la verja del jardín
cuando te fuiste.
No te importó dejar abandonado al árbol viejo
que está junto a la alberca.
Tu rostro era de piedra, tan de piedra
como las que te marcaban el sendero
de ida sin retorno.

Te ibas…

Te estabas marchando paso a paso.
El gato se frotaba entre mis piernas
y sin cesar maullaba;
desfilaban los pájaros en busca de sus nidos
y de pronto
empezó a caer la lluvia.

Yo corrí hacia ti
utilizando la excusa de la lluvia
y al alcanzarte
estabas ya mojada.

Te rogué que volvieras a la casa.
Tus ojos, dos relámpagos de odio
me lo dijeron todo.
Entonces comprendí mi gran desgracia.

Tu despedida era para siempre.

(Mi gato solo maúlla si está triste…).

Este poema
será muy corto
ella me espera
el tiempo es oro.

No tengo tiempo
(no tendré oro)
pero con ella
tengo un tesoro.

¡Que ella me inspira
que son sus besos
los que me hacen
escribir versos!

¡Qué quiero verla!
Me voy corriendo...
Mañana escribo...
(No es el momento).

Largo camino

¡El camino tan largo
tan cansado mi cuerpo
tan cansadas mis piernas!

No puedo más, no puedo
mas sigo caminando
veo
lejos, en lontananza
como un punto pequeño
que se mueve
sé que eres tú
pero aún no te distingo
estás a unos kilómetros
que me parecen miles.

Poco a poco me acerco
aunque muy lentamente
te estoy viendo más cerca
ya empiezo a distinguir
el rubio de tu pelo
tu vestidito blanco
y tu enorme sonrisa.

Avanzo con más ganas
camino más aprisa
la distancia se acorta

apenas hay cien metros
desde tu cuerpo al mío.

De pronto, la fatiga
no existe;
adrenalina
estalla por mis venas
un duende me da fuerzas
y corro, corro, corro
y corres, corres, corres
por fin, ya estás conmigo
te enlazo por el talle
me agarras por los hombros
y nos damos un beso
muy largo, interminable
más largo
que el camino.

Tu amor y la lluvia

Asomado al balcón de mi terraza
cada tarde paso las horas muertas
esperando se repita el gran milagro
de que vengas y llames a mi puerta.

Cuando llegas, las puertas de mi casa
se abren de par en par, como mi alma
y a besos nos comemos, impacientes
hambrientos de un amor que tanto ama.

Pero hoy tú no llegas, y de pronto
comienzan a caer gotas desde el cielo
y se pone a llover; una tormenta
descarga de repente el aguacero.

Maldigo, me lamento, y me derramo
igual que se derrama la tormenta
me deprimo al pensar que un día sin verte
es un día, que aun pasando, nada cuenta.

Seguro que esta tarde ya no vienes...

Veo las hojas, que con el viento vuelan
la nostalgia me agarra de la mano
mi alma se entristece y desconsuela.

Voy cerrando el balcón, poquito a poco

mas oigo que me llaman entre risas...

¡Empapada de agua y sonriendo
con amor infinito tú me miras!

Café mañanero

Que no te duela el cuerpo
que no te duela el alma
que tengas un buen día
que tengas paz y calma.

Miremos la ventana
ya luce el sol naciente
bebamos sorbo a sorbo
este café caliente.

La vida es complicada
a veces es muy dura
pero también regala
momentos de ternura.

Ahora el tiempo es nuestro;
tú y yo somos los dueños
pongamos buena música.
¡Que vuelen nuestros sueños!

¡Relájate y disfruta!
¡Que exploten tus sentidos…!
Escucha, mira y siente
del *cuore* los latidos.

Que este café caliente

temprano y mañanero
nos ayude y dé fuerzas.
¿Me quieres...?
¡Yo te quiero!

Nunca deshojaré una margarita

Margarita, margarita
¿puedes echarme una mano?
necesito que me ayudes
no sabes cuánto la amo.

-La margarita-
Para saber si te ama
y si contigo suspira
has de arrancarme las hojas
has de quitarme la vida.

¿Qué me dices margarita?
¿Por saber de amor arrancan
y tiran por el camino
tus hojas puras y blancas?

-La margarita-
Eso han hecho, desde siempre...
Amantes desesperados
vienen buscando respuesta
para su amor tan soñado.
No puedes imaginarte
a cuantas nos han matado

No lo entiendo, margarita.

Debes seguir en el campo
porque eres muy bonita
hasta el cielo te sonrie
le contagias tu alegría.

Yo no quiero hacerte daño
confia, quédate tranquila
ahora voy a darte un beso
un beso de despedida.

Además estoy seguro
de lo mucho que me ama
lo adivino, lo presiento
se lo noto en la mirada.

La foto de la repisa

La tristeza ha venido a visitarme
sin anunciar previamente su visita
de repente se me cuela en el alma
sin llamar a la puerta, intempestiva.

Y empieza a plantear sus argumentos
a darme una de cal y otra de arena
intenta a toda costa convencerme
de que no hay alegrías, solo penas.

Me describe despacio, lentamente
la delirante historia de mi vida
y quiere hacerme ver solo desgracias
buscando en mis recuerdos, solo heridas.

Mas de pronto, dirijo la mirada
a la foto que hay en la repisa
una foto tomada en blanco y negro
y en mi rostro se esboza una sonrisa.

Y como por milagro, mil recuerdos
de amor, de juventud y de belleza
brotan como las flores en el campo
y alejan de mi mente la tristeza.

Descorcho una botella de buen vino

me pongo a brindar con alegría
alzo mi copa por tu amor, y beso
la foto que preside la repisa.

La foto que tiene el cielo encuadrado…

La foto de tu rostro, amada mía.

Recuérdame

Recuérdame
cuando estés sola
cuando el olvido duela
cuando la lluvia caiga impertinente
cuando todo te vaya del revés
cuando la noche sea más larga que el deseo
cuando no queden besos en tu alma.

Piensa entonces en mí
en este corazón que abandonaste
a una suerte tan triste.
Bien sabes que sigo estando solo
completamente solo
tan solo como tú tal vez un día.

Recuérdame
cuando la vida te pese más que el plomo
y ya no puedas más;
cuando tu risa suene hueca.

Recuérdame
el día en que no puedas levantarte
la noche que padezcas pesadillas
porque la luna no brilla como antes.

Cuando el amor te falte
y tengas un deseo palpitante
recuérdame…
Hay un hueco en mi cama que te espera.

Generaciones

Demasiado viejo soy
demasiado joven eres.

Dos mundos nos separan
diversos y distintos
como noches y días.

El tuyo vibra
el mío se cansa.

El tuyo se despierta a cada instante
el mío de todo pasa.

Ya todo se escribió en mi larga historia
el tuyo apenas tiene páginas escritas.

Tú tienes la ilusión de rellenarlas
con sueños muy hermosos.
Yo solo tengo sueño;
mucho sueño y cansancio.

Tú tienes esperanza
tu alma aún está blanca.
Yo no tengo ilusiones
solo tengo nostalgia.

Y sin embargo...
Hoy al cruzarte tan rápida en mi vida
has despertado algo
que estuvo en tiempos vivo.

Solo ha sido una ráfaga
pero yo la he sentido.

Mas el viento me dice
que cuando estás llegando
yo me estoy casi yendo
y cuando lleges...
Ya no estaré para contarlo.

Me pides que te escriba algún soneto
y llevo cuatro horas intentando
hacerlo, pero algo está pasando
esta vez es difícil, es un reto.

No lo puedo escribir, solo bocetos
entre mi pluma se andan enredando
palabras inconexas escapando;
de verdad, que me encuentro en un aprieto.

Mujer indescriptible, tu hermosura
tu cuerpo, esa imagen, esa cara
no pueden definirse, es locura...

Aunque yo te escribiera y te adulara
en millones de versos sin mesura
tu belleza... ¡Jamás yo la contara!

LA FANTASÍA

Cuento modificado

¿Qué haces perdida en el bosque
llorando a lágrima viva?
Me gustaría ayudarte
dime...¿Qué pasa chiquilla?

¿Qué me dices...? ¿Que tu casa
es una casa de ensueño
que está colgada de un árbol
y habitan siete pequeños?

Entonces puedo llevarte;
hablé con un leñador
muy pequeño, hace un momento.
¡Qué mal carácter, por Dios!

—Ese es Gruñón que reniega
de su sombra y de su voz
no hay duda, es uno de ellos
con los que convivo yo.

Pues vámonos a buscarlo.
Sube presta en mi caballo
y mientras, te voy contando.

Me gustas mucho, chiquilla
eres muy linda, muy bella
yo vengo buscando amor
desde muy lejanas tierras
porque me han escrito un cuento

(hermoso cuento de hadas)
y debo buscar princesas
de entre todas, La Encantada.

Aquellos que me conocen
me llaman Príncipe Azul.
¡Ay, si tú fueras princesa!
¡con lo que me gustas tú!

Ahora se nubla la tarde.
¡Al galope, que ya llueve!

Ya hemos llegado.
¿Tu nombre?

—Yo me llamo Blancanieves.

¡En tal caso, eres Princesa!
¡La Princesa de mi cuento...!
Luego te lo cuento entero
pero ahora... ¡Dame un beso!

La cara oculta de la luna

Romántica, eterna, y siempre bella
espejo donde se miran los poetas
de mujer es tu nombre.

¡Tu nombre es tan hermoso, amada mía...!
Tu nombre...
Lo repito y no me canso.

¡Luna!

Por tu vida pasaron
¿mil millones de siglos?
¿toda una eternidad?
Y sigues siendo joven.

Dicen que estás lejana, más yo te siento
dentro del corazón.
Imposible estar más cerca.

Eres dueña y señora de mareas
eres luz en las noches de la tierra
un halo de misterio te rodea.
¡Hasta el lobo te aúlla enamorado!

Pero tengo que hacerte una pregunta.
¿Por qué ocultas al mundo tu otra cara?

¿Por qué la tienes siempre entre tinieblas?
¿No comprendes que yo te quiero entera?

Tú eres mujer, por ende, misteriosa
por nunca cambiarás, nunca has cambiado
siempre tendrás oculta tu otra cara.

Hoy, ahora, dedico este poema
a tu desconocida cara oculta.
Cuando yo muera, iré corriendo a verla.

Blanco
he de quererte, blanco
blanco, color de la nieve
blanca nube, blanca espuma
de la mar, blanca la vela
de la fragata que vuela
al sin fin del horizonte
y lleva mis sueños blancos.

Blanco de la rosa blanca
blanca la cal de mi patio
blanca el alma que se entrega
entre las sábanas blancas
más limpias que una patena.

Blanco de la blanca luna
que cada noche me mira
blanco del vals de los cisnes...
Los cisnes blancos del lago.

Blanco, yo te quiero blanco
te prefiero al color verde
por mucho que aquel poeta
lo haya cantado…
Yo, blanco.

Poemas en tiempo muerto

Míralos… sobre la mesa
llevan más de una semana
papel, pluma y la distancia.

Las ideas se me escaparon.
¿Mi cabeza acaso es jaula
y dejé la puerta abierta?

Si es así, voy a cerrarla
porque yo las necesito
para relajar mi alma.

Las ideas me reconfortan
tenemos sellado un pacto;
ellas surgen, como olas
rompiendo. Son un torrente
yo las freno... ¡Impetuosas...!
y las convierto en palabras

Y después les doy sentido
poco a poco, como un puzzle
como un juego, un crucigrama.

Pero ahora he de buscarlas
¿Dónde fueron mis ideas?
¿dónde estuve esta semana?

¿por el parque, por el río
en el desván, en el patio?
¿dónde las habré perdido?

Piensa cabecita mía...
piensa, necesito ideas
que nada puedo escribir
si tú no las recuperas.

¡Ah! ¡Ya recuerdo ahora...!

Estuve en el parque el martes
mirando unas flores blancas.

(No puede haber otra parte
donde yo pueda encontrarlas).

Voy corriendo calle abajo
y allí están, lo imaginaba...

¡Ay mi cabeza, qué jaula!
¿por qué me olvidé cerrarla?

Mientras mi cuerpo duerme

Otra vez acostado
con la luz apagada
y una música suave
la fantástica llave
que me lleva a otros mundos.

Yo recorro la tierra
en un tren encantado.

Surco océanos y mares
en un barco velero.

En el caballo alado
pongo rumbo hacia el cielo.

Aquí dejo a mi cuerpo
él se queda, me marcho.
Yo lo dejo esperando
relajado, dormido
sin pensar, descansando.

Si es por tierra el viaje
yo me subo en el tren.
Nunca llevo equipaje
solo llevo mis sueños
¿para qué más bagaje?

Si es por mar, yo me embarco.
!Ay, qué lejos, qué lejos

me transporta el velero!
Yo le indico que enfile
con su proa al oriente
porque así miro al sol
siempre, siempre, de frente
y disfruto alboradas
de belleza naciente.

Y por último, el cielo...
El caballo salvaje
el corcel, blanco, alado
porte recio, imponente
es conmigo suave
y me lleva en un soplo
a volar entre estrellas.

Él conoce lo eterno
él comprende sus claves
él me explica misterios
que en mi mente no caben.
¿Qué será el infinito?

Cuando vuelvo a mi cuerpo
al llegar la mañana
me lo encuentro dormido.

Me acurruco en silencio
y despierta conmigo.

Cuento de hadas

Sé...
sé muy bien que te doy asco
que me odias.

Sé...
que escondes un muñeco en el que clavas
cada noche agujas negras afiladas
para qué a mí me duela
para que yo reviente
para que yo me muera.

Sé...
que el odio te rebasa y el desprecio
que sientes hacia mí es imposible
de superar.
Tu gran felicidad sería mi muerte.

Es tal la repulsión que me profesas
que ni el mismo demonio entendería
el porqué de tu aversión a mi persona
¿Cómo puedes albergar tanta ignominia?

Quieres matarme, lo sé, pero el veneno
lo guardo yo
y tal vez sea el primero en degustarlo.
Lo pondré en el agua que me bebo
para acabar de una vez con esta historia
tan terrible.

Tan solo amor te dí mientras te quise;

solo palabras dulces en mi boca
solo miradas que te hablaban
de mi pasión enorme, incontrolable;
amarte fue mi único pecado
desearte con ansias de infinito
pero tú, maléfica
con mi amor, alimentabas
más y más tu repulsión.

No entiendo
no acierto a comprender lo que sucede.
¿Acaso es mi fealdad, por ser un duende
poco agraciado, patizambo y jorobado?

Tendré que mantenerte para siempre
encerrada en la torre y sin poderes
aunque seas hada.

Luna rosa

Luna rosa
árbol de cristal
nieve caliente
fuego frío
huerta de estrellas
marfil de color verde.

Barco al aire
montaña sin laderas
pez de tierra
carbón de color blanco
yerbabuena
que no puede ser ya buena.

Margarita gris
cielo amarillo
aroma que no huele
luz que es negra
pájaro sin alas
desierto abarrotado
silencio que no calla.

Todo son incongruencias
que nadie podría creerlas
todo es producto de un juego
pasatiempo de palabras

que matan mi aburrimiento.
Más con el amor no puedo
hacer juego de palabras.

El amor es diferente
con el amor, no me atrevo.

(Dicen que aquel día me pasé de copas)

Voy a contaros un cuento
¿corto?, ¿largo?, ¿breve?, ¿extenso?
es lo de menos, yo pienso.

A ver como os lo planteo
porque aún al dia de hoy
ni yo mismo lo comprendo;
no sé si es cuento, o no es cuento.

Es la historia de un piano
que siempre y siempre sonaba
todos los días, incansable
tocado por manos blancas.

Manos de marfil y nácar
en cuerpo de terciopelo
ojos de gacela joven
y risa de caramelo.

Cuántas veces la admiré
en el bar, copa tras copa
imaginando dulzuras...
(La música y nuestras bocas).
¿Yo me estaba enamorando...?

Pero nunca me atreví
a confesarle mi amor
me porté como un cobarde
no pasé de espectador.

Un mal día, en mala hora
maldito, maldita sea
yo me acerqué como siempre
al bar donde estaba ella.

El piano sordo y mudo;
ya no sonaba Chopin
pregunté y solo dijeron
que de repente se fue.

El silencio, impenetrable
tanto, que por no escuchar
ni oí las horas del péndulo
del reloj que había en el bar.

Roto, me acerqué al piano
y me puse a teclear
con rabia, con impotencia
y al piano oí llorar.

—Déjame en mi soledad
tus manos no son de nácar
no saldrá de mí una nota

por favor, déjame en paz.
Al principio no entendí...
¿Un piano que me habla?
¿una estructura en madera?
¡Si la madera son tablas...!

Pero allí estábamos los dos...
Llorando...

Manos de nácar,
gacela joven, te fuiste...
Has partido en dos mi alma
y el piano luce triste
sus notas suenan tan huecas
como el vacío que has dejado
en mi pobre corazón.

Aún hoy, yo no lo concibo…

En un hombre, es de razón.
Mas... ¿Piano enamorado?
Eso es cosa de los cuentos.

¡Por Dios!
¡Qué imaginación!

ROMÁNTICO IMPENITENTE

Autorretrato

Yo no soy ningún portento
ni mente privilegiada
de igual modo que Platón.
"Solo sé que no sé nada".

No sé de filosofía
mi status social es bajo
Doctores tendrá la Iglesia
yo solo tengo trabajo.

Yo soy uno de los miles
que no entrarán en la historia
y estoy viviendo mi vida
sin pena alguna, ni gloria.

No sé de agujeros negros
ni entiendo física cuántica
me faltan conocimientos
mas tengo un alma romántica.

Si me dejan ser feliz
soy feliz conmigo a solas
solo necesito el mar
llenar mi vista de olas.

Calmar mi sed de belleza
caminando entre las flores
paso a paso, lentamente
embriagándome en colores.

Mirar al sol de poniente
mientras dibujo su talle
ver volar las mariposas
y perderme por el valle.

Y por las noches... ¡El cielo!
ese tejedor de estrellas
yo me entretengo en mirarlas
como quien mira doncellas.

Ya sabéis de mí… Por tanto
yo no soy inteligente
pero Dios quiso que fuera
romántico impenitente.

Con un negro abanico entre sus manos
los balcones de par en par abiertos
somnolienta, con los ojos cerrados
levemente el corpiño semiabierto
estaba suspirando...

Yo a lo lejos deseando abrazarla
ignorando el porqué de los suspiros
buscando una ocasión para besarla
fijos mis ojos en aquel corpiño
la estaba contemplando...

Y de pronto, nació en mí el deseo
de venderle mi alma al mismo diablo
para ser brisa, y rozar su cuerpo
para ser brisa, y besar sus labios.

Mas…
¡Nadie me hizo caso!

¡Ahora no quiero yo!

¡Cuántas veces te dije que te quiero!
¡cuántas veces te supliqué el amor!
¡cuántas veces me lo negaste todo!

Y hoy me llamas, me dices que estás sola...

¡Ahora no quiero yo!

¿Verde?
¿azul?
¿azul o verde?

¿Qué color quieres que elija?
Yo no sé con cuál quedarme.

El azul del mar y el cielo
me embrujaron desde siempre
y de pronto llegas tú...

Ahora no sé, me confundes
porque tus ojos son verdes.

Aquel tiempo romántico
(Tu abanico)

Me dice tantas cosas tu abanico...
No necesito que hables, ni que escribas.
Con tu abanico dices casi todo
y el resto me lo dices con los ojos.

Si estás airada, o si celos tienes
si aceptas o no aceptas mi misiva
si pretendes otorgarme lo que ruego
si quieres que me acerque o que te bese...
Tu abanico es la clave del deseo.

¿Te abanicas el pecho lentamente?
—Tu corazón es libre como el viento—.
¿Tocas tu corazón? —Es que me adoras—.
¿Escondes tus hermosos ojos negros
en abanico abierto? —Tú me amas—.
¿Lo posas semiabierto entre tus labios?
—Por fin me das amor, pides un beso—.

Tu abanico es el modo en que descifro
de manera romántica y sincera
las cosas que a tu corazón preocupan.
Tu abanico lo dice y me lo cuenta.

Y aquí estoy esperando tus respuestas

en un rincón lejano del salón
pendiente de tus ojos, tu abanico
implorando una muestra de tu amor.

Aquel tiempo romántico
(Tu pañuelo)

Indolente el pañuelo entre tus dedos
me enseñaste, al entrar en el salón.
Ya sonaba la música de baile
a nuestro alrededor.

Lo dejaste caer, lánguida, al suelo
y del suelo te lo recogí yo
tú me distes las gracias sonriendo.
Y así todo empezó.

Y bailamos un vals de enamorados
y bailando el pañuelo se perdió
pero no te importó porque bailando
encontraste el amor.

La gota del alero
(Dolores viejos, poemas nuevos)

Es la gota del alero
esa interminable gota
que cae del tejado al suelo
una tras otra y tras otra.

Golpes de monotonía
incesante y repetida
que me distraen e hipnotizan.
¡Qué persistente caída...!

Y pienso... Si ellas me pueden;
si aunque yo no quiera, escucho
su constante letanía...

¿Por qué nunca te enteraste
del amor que te pedía?

Encantadora dama, deme su mano
y déjeme besarla mientras suspiro
quiero oler las fragancias a flor del campo
que emanan de su cuerpo casi divino.

La necesito tanto, linda criatura...
Usted es agua fresca y yo estoy sediento
sediento de su cuerpo, de su hermosura
yo soy fuego, usted leña...Y estoy ardiendo.

¿Cómo decirle ahora cuánto le adoro?
¿Cómo decirle cosas que son locuras?
¿Cómo entrar en su alma, cómo enamoro?
¿Cómo arrastrarla al mundo de la aventura?

Déjeme que la agarre por la cintura
déjeme que la lleve hacia lo fantástico
déjeme que la ame bajo esta luna
déjeme que le hable como un romántico.

Que la vida es tan corta como el suspiro
que el suspiro es tan breve como el momento
que el momento es ahora, ahora es el tiempo
y que el tiempo no vuelve, lo arrastra el viento.

Unamos nuestros cuerpos con los placeres

regalémonos vida, aprovechemos
que los ratos de dicha siempre son breves
y lo breve termina, como el deseo.

Con la boca tú me niegas...
Con el suspiro me llamas…

¿A quién le puedo hacer caso?
Dime... ¿Qué quieres que haga?

Que me están volviendo loco
tu suspiro y tus palabras.

Guardado entre las tapas de aquel libro
oculto en un cajón del sinfonier
durmiendo un día tras otro y esperando
estaba tu papel.

El mensaje, rotundo, que me diste
negándome el amor que te rogué.

¿Cuánto tiempo llevaba allí esperando?
¿por qué yo conservaba ese papel?
¿por qué no lo había roto en mil pedazos?

Dime, dime... ¿Por qué?

Porque… ¡Ay, pobre iluso!
Yo esperaba
volvieras otra vez.

Pobre mujer

De improviso me dieron la noticia;
me llenó de estupor...
El malévolo abrazo de la muerte
consigo te llevó.

Mi corazón, más duro que el cobalto
en trozos se rompió;
lloré con desazón, con impotencia
con rabia, con dolor.

¡Pobre mujer…!
¡Si tú me amaste tanto...!

¿Por qué no te amé yo...?

73

Yo te miré a los ojos con un fervor intenso
tú miraste a los míos, idéntica emoción;
brillaron nuestros ojos, cual si fueran estrellas
y sin hablar, nos fuimos al oscuro rincón.

Yo te besé en los labios sin pronunciar palabra
y nada nos dijimos, no habló ni el corazón
el brillo de tus ojos, suavemente me hablaba
y el brillo de los míos, te hablaba con pasión.

Poema perdido

¿Dónde fue a parar aquel poema
que escribí en una tarde de verano
cuando pasaste rozando por mi puerta
radiante de belleza calle abajo?

Perdí el papel, nunca he vuelto a encontrarlo;
tal vez me lo metí en algún bolsillo,
tal vez lo extravié por algún cuarto.

Ya no recuerdo nada del poema.

Solo recuerdo que yo escribí…
"¡Te amo!".

Estoy de paso

Estoy de paso, mujer, estoy de paso
tus ojos negros, tus besos, tu hermosura
no han de pararme, porque mi vida es libre
y yo no quiero atarme a tu cintura.

Ya sé que no me entiendes, es difícil;
¡tu cama es tan caliente y confortable...!
Tienes seguro el pan, la casa, el fuego
y yo no tengo nada, solo el aire.

Yo me marcho, pero tú queda tranquila;
no quiero ni que intentes la aventura.
Permanece en tu casa y con tu vida
y no sigas al diablo en la andadura.

Si yo me quedo, se acabarían mis sueños
y no podría buscar a las sirenas
que juegan en el mar muy escondidas
y solo cantan cuando la luna es llena.

Yo voy por siempre errando por el mundo
mi vida es un torrente, una locura
yo disfruto en los campos, las riberas
desnudo bajo el claro de la luna.

Yo derramo mi vida en los senderos

solo paro si quiero detenerme
tengo sed de caminos infinitos
y mi brújula es la estrella de poniente.

Me encanta acariciar entre las manos
a las flores, sea o no, la primavera
me paro a ver la lluvia cuando llueve
y busco algún refugio en la ladera.

Cuando la noche llega, duermo al raso.
Con el manto que me regala el cielo
yo me arropo y me quedo dormido
como niño en cuna de caramelo.

El sol por las mañanas me despierta
y empieza a despuntar el nuevo día
escucho hablar a la naturaleza
y el alma se me llena de alegría.

Y comienzo a caminar sin rumbo fijo.
Lo mismo voy al sur que voy al norte
y si rompo mis zapatos tan gastados
ando descalzo sin que nada me importe.

Y si algún día me muero no sé donde
regalaré mi cuerpo a Madre Tierra.
¡Se quedará de abono para el monte
y será parte de las flores y la yerba!

EROS

¡Baila...!

¡Baila, no pares, baila...!

Sensual movimiento de caderas
que me enciende y me quema
conviertiendo en ceniza mis promesas.

Mientras te contoneas
yo pierdo mi cabeza;
ya sé que no es amor
lo que en mí se fragua
es la pasión
del hombre ante la hembra.

Yo rendiré mi alma y mi albedrío
por nunca conquistados
ante la fuerza del compás
que luces en tu danza
y a saco vencerás
la inexpugnable plaza
que fue mi corazón de gran guerrero
curtido en mil batallas.

¿Dime qué puedo hacer?

Me encuentro desarmado...
Tu cuerpo de guitarra

y yo, tan solitario
tu enorme poderío
y yo, tan indefenso
tu cintura que miro
hasta quedarme ciego.

Tan solo existes tú
solo tu contoneo
solo el mensaje impuro
que gritan tus caderas
y se clava en mi hombría.

Pídeme lo que quieras.

En bandeja de plata
yo te lo serviré
pero entretanto…
¡Baila!

Estrella que del cielo te arrancaron
exquisita mujer, celeste, altiva
que turbas, que confundes, que enloqueces
exuberante Venus rediviva.

Es tanta tu belleza conjuntada
que vences en la guerra sin espadas.
El ejército más fiero se te rinde
solo al verte, sin intentar batalla.

Porque puedes derrotar con tu sonrisa
porque puedes destruir con tu hermosura
porque puedes matar con tu mirada
porque puedes desarmar con tu ternura.

Tú eres llave que abre cualquier cielo
el ariete que rompe cualquier puerta
la espada Excalibur que corta el hierro
el milagro que quita cualquier pena.

¿Cómo escapar a un beso de tus labios?
¿Cómo evitar la sed que tú provocas?
¿Cómo no oír tus cantos de sirena?
¿Cómo ignorar lo dulce de tu boca?

Postrados a tus pies, estamos, hembra
de caderas rotundas y armoniosas
rindiéndote homenaje, enamorados.
Tú naciste mujer, pero eres diosa.

Tu cuerpo, mujer

Rostro salido de un cuadro
de Botticelli, belleza
directa de cielo a tierra,
estoy rendido a tus pies.

Senos que son como un sueño
cántaros de miel colmados
antesala del pecado
que yo quiero cometer.

Caderas firmes, que emboban
con esas curvas salvajes
que me marean más que el vino
que en vida, pueda beber.

Piernas golosas, robustas
que encierran lo que me gusta
y son el puente que abre
el camino hacia el placer.

Nalgas hermosas, danzantes,
con poder hipnotizante
que van marcando el camino
que yo quiero recorrer.

Monte de Venus, el monte

donde pierdo la conciencia
donde me pierdo, a sabiendas
porque me quiero perder.

Así es tu cuerpo, mujer...

Vértigo

Vértigo me da pensarte en esta noche
que me traerá las luces con los colores nuevos
que han vertido en tu cuerpo un rebaño de estrellas.

Vértigo saber de tu cuerpo desnudo
que se ha estado bañando en la fuente de Venus
para que yo me postre ante tus pies...
¡Tan bella!

Vértigo oler tu aroma porque vendrás del campo
oliendo a los perfumes que hay en la pradera
para mezclarse ahora con mi sudor de macho.

Vértigo, porque sé que moriremos juntos
al menos un instante, para nacer de nuevo.

Cuando tras el adiós, retomes tu camino
y yo regrese al mío
volverás a la calma, yo volveré al vacío.

El fetichista

Esa tiranta blanca
que mórbida pasea sobre tu hombro
y es la señal que marca
la autopista de ensueño
que acaba en el corpiño que te arranco
con mis dientes y manos
cuando vamos a amar.

Esos zapatos finos
ese tacón que eleva
tu elegancia del suelo, que te admira;
esas medias que suben
de tus pies a tu muslo
ese tanga tan mínimo
que guarda el gran misterio que me ofreces.

Esa envoltura fina
que te cubre y te adorna
como el papel que envuelve
ramos de rosas blancas.

Para mí, son regalos.

Y tanto me fascinan
que a veces, cuando tú no te das cuenta
escondo algún retal de tu envoltura

oliendo aún a tu cuerpo
en un lugar que solo yo conozco.

¡Te robé tantas prendas que tú ignoras...!

Mi naturaleza

Tú caminas, yo te sigo
sin desviarme del punto que me marcas
ni un milímetro.

Si tú marchas hacia el norte, al norte voy
y cuando bajas al mar
no puedo ir hacia el campo.

Tus caderas balanceas
al compás de dos por cuatro,
es tu cuerpo la clave de sol de la armonía
que resuena en mi mundo.

Te idolatro.

Cuando miro tu reverso
me embeleso.
Soy un girasol que mueves
al ritmo de tu cadencia.

Tengo que seguirte
porque te necesito
porque te quiero
porque al mirarte me pierdo en fantasías.

Eres puro magnetismo

que despiertas mis sentidos
siempre atentos al caprichoso movimiento de tus
glúteos.

Eres la atracción salvaje
que me vuelve loco.
Eres la mujer, la fuerza
que me atrae aunque no quiera.

Eres..

Mi naturaleza.

Precisamente ahora, no me embrujan
tus ojos misteriosos, ni las mieles
que sé hay en tu boca, ni es preciso
decir que el corazón por ti se muere.

No es tiempo de razón, ahora el deseo
despertó a la fiera que convive
conmigo desde siempre; habla mi sexo.
Necesito tenerte, no decirte
las hermosas palabras de algún verso.

Desnúdate, y muéstrame tu cuerpo,
enseña tu belleza despojada;
arráncate el corpiño vive el sueño
ahora serás la hembra, no la dama.

Déjame que me pierda, porque quiero
besarte en las mil zonas prohibidas;
derramaré mi líquido de fuego
mientras gritas, exclamas y suspiras.

Más tarde, te prometo otro poema,
pero ahora, soy hombre y tú eres hembra.

Cópula

Jugar entre el arco iris
con los cuerpos mojados por la lluvia
de deseos empapados ,y, de pronto
caer prisioneros de unos brazos
porque los dos queremos.

Tocar la luz del sol en tu cabello
inmensamente bello
y mirarme en el pozo de tus ojos
sin final y sin fondo;
impulsarnos con fuerza de titanes...
La Natura nos llama.

Nos queremos querer; beber con ansia
transformar el instante en infinito
yo respiro tu aire
tu respiras el mío.

Al ritmo de un compás de luna clara
palpitaremos juntos
y unidos, moriremos un instante
para después volver a vivir juntos.

Ya es de noche; miramos frente a frente
a ese cielo tan llenito de estrellas...
Una música se escucha en nuestros cuerpos.

Mi madera es de hombre
la tuya es de mujer

nuestras raíces
se entrelazan, se aprietan, se hacen una.
Son los dos corazones que al unísono
se dan mutuo placer.

¡Concebimos la vida…!

¡De esta noche de amor vendrá un milagro!

(Humana cópula que tanto tiene de divino).

La esposa infiel

Te quiero impura, porque la noche es nuestra
parece larga, pero se hará muy corta
tan grande es la pasión que compartimos
que faltarán las horas.

Te quiero impura, esto no es travesura.
Hablo de destrozarnos en el lecho
de acabar derrotados por la lucha;
de tanto amar… Deshechos.

Honremos al dios Baco, desatinos
esta noche vamos a cometer...
Porque amarnos así, es nuestro destino
somos hombre y mujer.

Déjame que te muerda en la garganta
en la boca, en la espalda, en cualquier parte.
Quiero que cuando llegue el nuevo día
nos falte hasta la sangre.

Como la tierra seca embebe el agua
de las primeras lluvias, yo me embebo
milímetro a milímetro tu piel
de blanco terciopelo.

Voy a fundirme con tu cuerpo ahora

y tú debes fundirte con el mío
yo mojaré la flor de tu jardín
con gotas de rocío.

Mañana como siempre, cuando vuelvas
disimula en tu casa, ten cuidado.
Serás casta y sin mancha, pero ahora...
Cometamos pecado…

Amor en soledad

Tu hermosura me abruma
Princesa
y tus labios de fresa.

Tu pelo rubio
tus largas piernas
tus senos justos
y las piedras preciosas de tus ojos
obsidiana negra.

Tu poder de atracción
Princesa
no lo puedo explicar
mi cabeza se pierde
cada vez que te pienso.

Tu belleza
desparrama mis sentidos
hacia el mundo imposible
donde habitas, Princesa.

¡Cuántos sueños contigo
cuánto amor sin tenerte
cuántos besos perdidos
por tu culpa, Princesa!

El deseo contenido
Se me escapa al pensarte.

No lo entiendo, Princesa.

Puedo andar mil caminos
pero siempre termino
al final de la senda
con un cuerpo de ensueño;
eres tú, que me esperas
y aunque todo es un sueño
yo no puedo evitarte
Princesa.

Mi sexo impuro
no se resigna
y la lujuria
hace que brote
y se derrame
como la lluvia.

(Inútil semen
que cae en tierra).

Noche de alcohol

Atrapado entre el vino y la locura
bebiendo sin cesar copa tras copa
de pronto te recuerdo.
Y…, ¿sabes?
me importas una mierda.

Ahora solo existe en mi cabeza
en esta cabecita que da vueltas
paredes que se mueven
al compás de mis tragos
de borracho indecente.

Los ojos se me cierran
distorsionados
no sé si veo doble o triple
o cuatro veces cuatro.

Ya es muy tarde, y me marcho
empapado en alcohol.
El viento sopla fuerte
los semáforos me giñan sus ojitos
de duendecillos verdes;
parecen luces de discoteca.

Cruzo el asfalto
me siento en cualquier banco
y enciendo un pitillo.
Se me acerca una rubia
y pregunta, "¿estás solo?".

Tanto vino en mi cuerpo
me puede y me desarma.

Aún no sé cómo
despierto en una cama
con una extraña.

Deseo de mujer

¿Quieres que te diga la verdad aunque te duela?
Pues te la digo.

Que me cansé de tantos versos repetidos
que no me dicen nada;
es algo muy vulgar, harto manido.

Fíjate, que me parecen garabatos
nacidos de una pluma sin motivo
que nunca profundiza en las palabras
y escribe una tras otra frases huecas
vacías de contenido.

No quiero más poemas.

Los suspiros
que hoy anhelo
no los busco en mi alma
necesito
suspirar con el cuerpo.
¡Que vibren mis sentidos!

Ya no sirve que digas
por una y otra vez, que el viento
susurra en mis oídos
y juega con mi pelo.

Ya está bien de metáforas
que hablen de mis ojos
bellos cual firmamento.
Me cansé de mi piel fresca en la hierba
de mis labios de fresa
de mis manos de seda.

Hoy te digo que me ames sin palabras.

En la cama desnudos
deseo tener al hombre...
No al poeta.

Orgía

Mezcolanza de cuerpos en noche de lujuria.
Varias personas beben la fuente del pecado
se acoplan como un puzzle de piezas imposibles
en una cama enorme, desnudos y abrazados.

Se reparten caricias con sabor a abundancia
la noche es infinita y sus mentes abiertas.
Los hombres son de todas, y todas las mujeres
de cualquiera que busque placer entre sus piernas.

Ninguno habla de amor, solo se busca el éxtasis
el placer inmediato, el sexo compartido
el clímax elevado a la enésima potencia
la bacanal romana exenta de Cupido.

Es noche de dejarse arrastrar por los excesos
el alcohol, la lujuria, la interminable orgía
la esposa compartida, el marido con otras...

(Sospechan que así pueden matar a la rutina).

LA INFANCIA

A esa niñez tan vieja
que tiene olor a rancio
(no en vano, ya pasaron
tantos y tantos años).

A esa niñez que duerme
casi entre la polilla
en el cajón del centro
de la cómoda antigua.

A esa niñez guardada
en la caja de lata
donde la abuela tuvo
sus monedas de plata.

A esa niñez que un día
me la echarán de casa
cuando tiren los muebles
cuando tiren las cajas.

A esa niñez, le digo...
Que la guardo en el alma.

La distancia

Cruzar, tan solo cruzar
las tres calles de mi pueblo
era un camino muy largo.

Yo lo recorría entero
cuando iba por la leche
que, unas calles más abajo
mamá, compraba al lechero.

Tan extenso era el camino...
¡Tanto que andar, tanto tiempo…!

Yo creía que todo un mundo
iba a cruzar…
¡Ay, qué lejos
estaba la lechería
para un niño tan pequeño!

Ahora recorro ese trecho
en dos zancadas, parece
que el camino, no es camino
que todo fue como un sueño
que no existe la distancia.

Y es que el mundo de ayer, grande
al yo crecer, ahora es parvo

diminuto, poco extenso
y en un suspiro, pateo
las tres calles de mi pueblo.

Pero…
¡Qué feliz el niño
en un mundo tan extenso!

El niño y la luna

Yo te quiero mucho, luna
y a veces, sueño contigo.

Poque me empapé en los charcos
hoy mi madre me ha reñido.
¡Yo creía que te ahogabas
y quise salvarte luna
corriendo entre los olivos!

Luna, si vienes mañana
cuéntame un cuento del cielo.

¡Que canten los grillos, luna!
pero que callen los lobos
porque me dan mucho miedo.

Yo te quiero mucho, luna
y a veces, contigo, sueño…

El niño y la estrella

—¿Me besas chiquillo?—
le dijo el camino.
(Y el niño jugaba...).

—¡Eh niño! ¿me besas?—
gritaba la fuente.
(Y el niño jugaba...).

—Tú niño, ¿me escuchas?
¡Ven a darme un beso
soy tu amigo el viento!—
(Y el niño jugaba...).

De pronto una estrella
ribetes de plata.
El niño la mira...
la mira...
la mira...
y corre tras ella.

¡Mi niño poeta!
¡Que deja sus juegos
por ver a la estrella!

Primer amor

Un banco en el parque
yo, niño
tú, niña
la tarde que es nuestra
el cielo
la brisa
los dos embobados
tu mano
la mía
olor a colonia
fragancias
sonrisas
un pájaro canta
el árbol
la umbría
te hablo bajito
me escuchas
me miras
un beso robado
furtivo
caricias
volvemos a casa
la tuya
la mía.

—¿Me das otro beso?
—Mañana, descuida
aquí están mis padres
aquí, nos vigilan.

Juegos de niños

Vámonos de prisa, niña
que el tiempo vuela y se va
vamos, que la tarde es nuestra
pero corriendo se irá.

Y es que tengo muchas ganas
de estar un rato contigo
para decirte las cosas
tan bonitas, que te digo

Vámonos al prado ahora
junto a la orilla del río;
yo acariciaré tu pelo
tú exhalarás un suspiro.

Y nos daremos un beso
lentamente, despacito...
Con eso yo me conformo
mira que poco te pido.

Y no es tan poco, mi niña.
Para mí es el caramelo
más dulce que puedas darme...
¡Sabe a trocitos de cielo!

La casa de la tia Sole

En casa de la tía Sole
tan antigua y victoriana
hasta el cuadro del abuelo
con rigidez espartana
parecía que vigilaba.

Era una casa muy vieja
un pasillo interminable
techos altos, imposibles
y puertas grandes, muy grandes.

¡Qué engañada, qué engañada
teníamos a la tía Sole!

Besos en cualquier momento
en cuanto ella no estaba.
A escondidas arrumacos
en aquel pasillo largo.

Las miradas eran cómplices
nuestro amor, descabellado
nuestras caricias, furtivas
era imposible luchar
contra hormonas, ley de vida.

Cuando subías la escalera
que llevaba a la azotea
yo siempre corría a ayudarte
para tender ropa limpia.

Me quedaba rezagado
y tú, bien que lo sabías.
¡Cómo miraba tus piernas
por debajo de la falda
mientras tú me sonreías!

Tú eras feliz, yo el más pícaro
pero sin malicia alguna
solo la enorme atracción
de nuestra naturaleza
que cumplía con su papel
de manera irresistible...
La culpa nunca fue nuestra.

Un roce de nuestras manos
un pellizquito en tus glúteos
miradas a cada instante
e incluso, muy pocas veces
una discusión suave.

El desayuno era doble
al principio en el salón
y más tarde en la cocina.

Mientras fregabas las tazas
yo te besaba los labios
que aún sabían a mermelada.
a café con leche y pastas.

Y mientras la tía Sole
tan antigua y puritana
rezándole a cualquier santo
con fervor y devoción

o besando alguna estampa
al calor del cisco amable.

Cisco y debajo, carbón.

La queja

Contéstame Madre
tu que estás tan lejos
y a la vez tan cerca
(estás en el cielo
pero en mi alma quedas).
¿Por qué me dejaste
cuando era tan niño
y necesitaba
tu cariño grande?

Vuelvo a preguntarte
¡contéstame Madre!

Que un niño pequeño
que tanto precisa
se quede tan solo
sin Madre en la vida
es inexplicable.

¿A quién culpo Madre?
porque a un niño chico
eso no se hace.

Yo perdí mi infancia
yo perdí mis sueños.
Los sueños de un niño

son toda su vida
y eso nunca, nunca
podrá repararse
ni el oro del mundo
nada hay que lo pague.

Si hubieras vivido
muchas de las cosas
que a mí me pasaron
no me habrían pasado
tú lo sabes, Madre.

Y es que no hay derecho
que un niño pequeño
duerma cada noche
solito y muy triste
en una camita
sin nadie que cuente
un cuento bonito
y le de un besito
antes de acostarse.

Si es culpa del cielo
yo no lo perdono...

El niño Jesús
bien que tuvo Madre.

LA MUERTE

Yo tuve que ser Dios

Esta tarde de otoño triste y lánguida
que huele a soledad, pena y misterio
me está haciendo llorar, como a la lápida
que nadie ya va a ver al cementerio.

Llueve sobre el cristal, llueve en la puerta
relampaguea y está gritando el viento
pasan en mi reloj las horas muertas
no me dejan en paz los pensamientos.

Mi mente se imagina tu presencia
pero no puede ser, tú ya te has ido
maldito sea el infierno de tu ausencia
que rompe el corazón que te ha querido.

Recuerdo como ayer todo era calma
los días olían a mar, a yerbabuena
ni un gramo más de amor cabía en mi alma

y el placer, era el fuego de mis venas.

Recuerdo tantas luces de colores
que cegaban, al verte, mi mirada
los besos, el buen vino, muchas flores
nuestra vida, un cuento era de hadas.

¿Por qué todo acabó? ¿Por qué un maldito
anochecer llegó presta tu muerte?
¡Si mi amor por tu amor era infinito!
¡Si mi vida no es vida sin tenerte!

Tachadme de blasfemo, que no es poco...
Si por volver a amarla eternamente
derrocar debo a Dios, yo lo derroco.

¡Yo tuve que ser Dios y amarla siempre
que si yo fuese Dios, no habría muerte!

Se escapó mi niñez juego tras juego
voló mi juventud, de beso en beso
se fue mi madurez aún no sé como
y de pronto, despierto, y ya estoy viejo.

Ya vislumbro el final de mi camino
y ya escucho por entre las rendijas
de la puerta astillada de mi vida
los pasos de la muerte, mi enemiga.

Mi enemiga mortal, que un día cualquiera
dictará mi final (es infalible)
mi eterna y muy odiosa compañera
a quien no venceré... Es imposible.

Mas no le tengo miedo y cuando llegue
me encontrará tranquilo y relajado
recordando el ayer, que no fue poco
con momentos felices, y otros malos.

Porque a partir de ahora, que soy viejo
desecharé la parte negativa
haré de cada instante un bello sueño
y pensaré en lo bueno de la vida.

El amor de mi Madre, lo primero
mi infancia tan feliz, mi adolescencia
el día en que la encontré, sus dulces besos
mi madurez tan llena de vivencias.

Quiero reír, sentir, vivir dichoso
pensar en los momentos de alegría
buscar todas las noches a esa estrella
y embriagarme con la luz del mediodía.

Ya sabes, soy un viejo y no te temo
mi vida fue sencilla y placentera
envíame a Caronte cuando quieras
que ya tengo dispuesta la moneda.

Afila tu guadaña, por favor
tenla afilada;
mi garganta está presta y mi sonrisa
aquí te aguardan.

No me das miedo muerte, te lo juro
solo te pido
que el corte sea certero, sea preciso
que sea muy limpio.

Que solo sea un segundo, que no sufra
que no haya llanto.

Ven, quítame la vida, no la quiero
te la regalo.

El reparto

La pesadilla infame
de cada noche llega
despertándome a gritos
solo la escucho yo.

La casa está en silencio
pero los gritos siguen.
Satán está tan cerca
que puedo oler su piel.

¡Qué olor tan repugnante
mezcla de azufre y fuego!
Lo tengo aquí, a mi lado
y solo lo veo yo
en esta oscuridad
más negra que mi alma.

Mi alma condenada
se resigna al suplicio
que, sin dudar, la aguarda.

Lo noto en la mirada
diabólica y perversa.

Pero esta vez distingo
que viene acompañado

de su amiga, la muerte
que, descarada, ríe
a carcajada limpia.

Parece que han bebido
y que vienen borrachos
para hacer su faena
contentos y felices.

Celebran una fiesta
donde el festín soy yo.

Ya están junto a mi cama
repartiendo mis feudos...
La muerte quiere el cuerpo
Satanás quiere el alma.

La dama de negro

La dama de negro
buscaba en palacio
al Rey, a su séquito
y solo encontró
a un pastor, su perro.

La dama de negro
buscaba en el rio
al recio labriego.
Se llevó al remero.

La dama de negro
la del mal agüero
de una parte a otra
sin cesar, corriendo.

Le faltaba tiempo
siempre acelerada
la dama de negro.

Ya no daba abasto.
¡Eran tantos hombres…!
¡Había tantos muertos…!

Y se equivocaba.
En vez de llevarse
al pobre, llevaba
al rico opulento.

Yo hago este poema

sin pensar, de prisa
sin buscar el ritmo
sin rimar el verso
porque tengo miedo
que esta loca venga
por el carbonero
vuelva a equivocarse
y arrastre al poeta
hasta el mismo infierno.

Que no venga nadie

Que no venga nadie
que no venga nadie
que tan solo vengan
los más allegados
los imprescindibles.

El que lleva el coche
donde va mi cuerpo
y el sepulturero.

Que no venga nadie
que no venga nadie
que a mí no me gustan
los entierros grandes.

Siempre fui humilde
yo no necesito
que de mí se hable
ni formen corrillos
donde se me ensalce.

Que no venga nadie
que no venga nadie.
¿De qué sirve ahora
si ahora ya es tarde?

Que no venga nadie.

A estar siempre solo
debo acostumbrarme.

Que no venga nadie.
Si alguien lleva flores
que sean color blanco
son las más bonitas
siempre me gustaron.

Nadie, ¡he dicho nadie...!

En cuanto esté solo
saldré de mi féretro
y abriré mi nicho
para pasearme.

Debe ser hermoso
inconmensurable
estar con la luna
y poder hablarle.

Me encuentro impaciente
quiero oir el silencio
de este camposanto.
¡Dejadme, dejadme…!

Nada es para siempre

Compartiré contigo
el pan que nos da vida
la miel de las abejas
el vino y la alegría.

Compartiremos juntos
la casa, tan bonita
y el agua de su pozo
tan clara, pura y limpia.

En el patio habrá flores
ya sé, te gustan blancas...
¡Yo plantaré jazmines
lirios, rosas y dalias!

¡Compartiremos tanto...!
Las sábanas de seda
y el calor que da el fuego
al crepitar la leña.

El amor, la palabra
las miradas furtivas
la pasión que nos une
el placer, las caricias.

Los mejores momentos;
el alba, en la mañana
el ocaso, en la tarde
el sueño, en madrugada.

Yo querré ser tu sombra
tú querrás ser la mía
seremos uno solo
viviendo en armonía.

Compartiremos siempre
la dicha y la alegría.

Mas...
Escucha un momento.
¿No oyes cómo grita?
Pediremos al cielo
nos proteja y bendiga.

De repente, el futuro
es dolor, pena y muerte.
Tu rostro pinta oscuros.

Abrázame muy fuerte
abrázame, querida.
¿Qué va a ser de mi vida?
(Tienes las manos frías...)

El cianuro

De par en par las puertas, ven cianuro
bienvenido que seas a mi morada.
Brindo con esta copa tu llegada
te beberé de un trago, te lo juro.

No me preguntes, porque estoy seguro.
Yo sé muy bien que siempre, la embajada
de la muerte eres tú... No importa nada.
Mi presente hoy termina...Y mi futuro.

Yo no quiero vivir porque no quiero;
no intentes convencerme amigo mío
de verdad te lo digo, soy sincero.

Fíjate en mi semblante, ¿está sombrío?
Jamás tuve un acierto tan certero.
Que entre también la muerte, y le sonrío.

PENSAMIENTOS, RECUERDOS, NOSTALGIAS, TRISTEZAS, UTOPÍAS...

La vejez

Cuando no existen pasos
que impacientes se acercan
cuando reina el vacío
donde ayer reinó ella.

Cuando ya no hay motivos
cuando duele la espera
cuando el beso no cuenta
y la noche no quiebra.

Cuando la golondrina
al alero no vuela
a pesar de que el nido
como siempre, la espera.

Cuando mueren las flores
aunque sea primavera.

Cuando las pobres piernas
van andando muy lentas
y caminan despacio
porque el tiempo no cuenta.

Cuando de noche el sueño
solo calma fatigas
pero ya no te lleva
por praderas perdidas.

Cuando por la mañana
la almohada has mojado

y has llorado de nuevo…
La vejez, ha llegado.

Matrimonio de amor

Cuando miro su cuerpo decadente
crisol que fue de aromas y ambrosías
no acierto a comprender, y es evidente
que todo cambia al paso de la vida.

No olvidaré lo mucho que admiraba
ese perfil de Venus, de princesa
esas curvas de amor que me extasiaban
esa fuente de mil y una promesas.

Aún recuerdo el vestido que lucía
ceñido a sus caderas, su elegancia
ante ella, el sol palidecía
y las flores envidiaban su prestancia.

Era un placer mirar su pelo al viento
perderme en el abismo de sus ojos
libar la última gota de su aliento
besar hasta morir sus labios rojos.

Inspiraba mi alma enamorada
en tardes placenteras del ocaso.
Feliz, yo componía con la guitarra
canciones para ella en mi Parnaso.

Y ahora, al contemplar su triste estado
delante del espejo de la vida
yo tengo que aceptar que ya ha llegado
la vejez, el dolor, y la fatiga.

Pero yo no me doy por derrotado.
Aún tengo un corazón fuerte y valiente…
Se paró en el ayer, ahí sigue anclado
y la miro a la cara, frente a frente.

Y como el corazón no tiene años
yo beso sus arrugas y sus manos.

Le tengo el mismo amor, igual que antaño
y le digo a cada instante que... ¡La amo!

Volutas de humo

Las volutas de humo de mi café caliente
se entrelazan las unas con las otras;
están muertas de miedo porque saben
que subirán cuatro palmos
y ya no existirán.

Yo, su cruel verdugo
las sentencio
a una muerte aún más rápida
porque soplo poco a poco
en la humeante taza.

Pero antes de morir
antes de perderse entre la nada
me dan ejemplo de amor;
se besan ávidas
y después, se despiden para siempre.

Mientras me bebo el café de hoy
pienso...

¡Qué corta, pero que intensa
es la vida de una voluta de humo!

Mundo insignificante

La copa de champán, luego una lápida
anuncio de relojes de pulsera
documental de lugares de ensueño
playas en El Caribe, cocoteros
políticos que mienten, un Volkswagen.

La meretriz hoy no hace gran negocio
el bosque arde otra vez, un accidente
brutal, ha terminado con tres vidas
la música de un pub en Nueva York
suena fuerte, un vecino ha denunciado.

En el Norte Polar hay osos blancos
Antonio va y comenta que hace frío
un tren pasa con estruendo por el túnel
precioso es este ocaso, aquella iglesia
está en ruinas, muy triste y decadente.

Otra guerra en no sé que parte, dicen.

Ya me cansé; te apago caja tonta.

Nada le importa al sol, que está en los cielos.

Pequeñeces

Hay hombres y mujeres
de corazón distante
que sonríen mas bien poco
pero se sienten grandes
muy grandes e importantes.

Yo me siento pequeño
más pequeño que nadie
pero a veces sonrío
y una estrella lo sabe.

Cuando en las noches miro
al infinito inmenso
comprendo y no comprendo.

¡Mi vida es tan pequeña
si miro al Universo…!
¡Tan pequeña es mi casa
tan pequeño es mi sueño!

Hay hombres y mujeres
que sueñan con ser grandes...

Yo, pequeño, sonrío...

(Y una estrella lo sabe).

Cuando murió la abuela

Cuando murió la abuela
yo miraba de lejos
sin opinar apenas...
(Total, solo era el yerno).

Cuando murió la abuela
repartieron su reino.

Ellos buscaban oro...
Yo busqué su cuaderno.

Ahora, ellos tienen joyas
pero yo tengo sueños
los sueños de la abuela.

Y…

Los estoy leyendo…

En un sillón mullido, viejo y roto
igual que mis arrugas y mi piel
entre fotos antiguas y algún cuadro
van pasando mis días, más mal que bien.

Ha llegado el tiempo de la espera
de ir pasando las horas por pasar
arrancando hojas al calendario
y sin nada que hacer, solo pensar.

Me entretengo mirando la vitrina
vasos, copas y jarras de cristal
de ninguna manera colocados
todo desparejado, me da igual.

La chimenea destaca, en mármol negro
el salón, un día tan señorial
hoy huele a palacete decadente
sus paredes tendríamos que pintar.

Y me da por pensar en las familias
que hace tiempo pudieron disfrutar
de esta casa. Ciento cincuenta años
novecentista, antigua, y singular.

Ellos, igual que yo, aquí estuvieron

llenando con su vida este lugar
recorriendo pasillos y escaleras
y sus niños jugando sin cesar.

Aún conservo detalles de lo antiguo
que guardaron arriba en el desván
una bici con ciento veinte años
baúles, libros, y algunas cosas más.

Y pienso... ¿Qué pasó en estas paredes?
¿Qué sucedió? ¿Acaso alguna historia
muy en secreto tuvieron que guardar?
¿Por qué nada ha quedado en la memoria
de estos muros? ¿No hay nada que contar?

Y cada vez que bajo la escalera
recorro algún pasillo, entro al billar
yo pienso que el espíritu de alguno
me observa... Pero no me quiere hablar.

Cuando yo muera en esta enorme casa
donde tanto cariño pude dar
con tantísimos recuerdos imborrables
como soy parlanchin y harto locuaz
dejaré un trocito de mi alma
oculta, esperándote pasar
para contarte historias de la casa...
No te asustes, tan solo quiero hablar.

Mas si algún día máquinas derriban
este edificio... ¿Mi alma dónde irá?

El tejado de mi casa

Ya es primavera
mueven las tejas.
(Los gatos juegan).

No sé en verano
qué es lo que pasa arriba.
(Duermo en el bajo).

Otoño, embrujas
cubierta enamorada.
(Hay luz de luna).

Lluvias y truenos
repiquetean las tejas.
(Es el invierno).

¡Qué algarabía
hay siempre en mi tejado!
¡Cuánta alegría!

El mágico desván donde no pasan
los minutos las horas ni los días
es como un santuario de anarquía
batiburrillo de chismes de la casa.

En un rincón la araña teje gasas
de una viga recuelga una alfajía
aunque rota, aguanta todavía
no hay mucha claridad, la luz escasa.

Libros acumulados, baúles viejos
la radio de la abuela que no suena
una bici, un sillón, varios espejos

un baño de latón, una alacena...
Cuando subo, mi prisa, atrás la dejo;
me siento en un rincón y me entra pena.

Extásis

Voy a tomarte entera
a consumirte para llegar al extásis
que siempre alcanzo
cuando estoy contigo.

Disfrutaré de tí
como en tantos momentos
y tú serás mi orgasmo
el clímax de esta noche.

Tantas sensaciones...

Ese placer enorme
que siento en mi cabeza
donde todo da vueltas
como una peonza.

Me tambaleo
te tambaleas
rodamos juntos
de un lado al otro lado de la cama
pero nunca te suelto.
Me fascinas, me embriagas.

No puedo vivir sin tí
si no estás, algo me falta
eres lo más importante de mi vida.

Pero ya te acabé...
Lentamente

voy
casi
gateando
a por otra.

¡Aquí hay mucho más vodka!

Waltz rain
(Chopin)

La lluvia que hoy
llueve sin agua
es bendición
que Dios derrama.

Mi corazón
ahora se moja
por estas lágrimas
que no resbalan
sobre mi piel
sino que fluyen
a mi interior.

Necesitaba
esta humedad
para aliviar
el gran desierto
árido y seco
que me acompaña
de día y noche.

Bendita seas
lluvia bendita
que riegas almas
con tanta fuerza
con tantas ganas.

Mi corazón
ahora sonrie.

La realidad
esa que duele
esa que ataca
por un momento
quedó dormida.

Mira mi cuerpo
mira mi cara.
No está mojada
pero, no obstante
llueve en mi alma.

Se te agradece
Vals de la Lluvia.
Gracias Chopin
amigo, gracias.

Siete vidas

Yo quiero siete vidas
como los gatos
porque una vida solo
es poco rato.

No es un capricho necio
es importante
las quiero para amarte
y volver a amarte.

Y cuando llegue a viejo
estar tranquilo
porque otras pocas vidas
quedan, contigo

¡Qué suerte tiene el gato!
¡Qué buena suerte!
No disfruta una vida
disfruta siete.

Donde los bloques surgen

Donde los bloques surgen
como fantasmas grises
acumulando miedo
acumulando gente.

Donde la zona verde
fue solo una maqueta
un trazo sobre el plano
en realidad, asfalto.

Donde los bloques surgen
hubo hace tiempo un prado.
Y los niños jugaban.

Decidme…

Si hoy me siento chiquillo.
¿Qué hago, en dónde juego, en dónde salto?

Donde el color del cielo es ceniciento
donde el aire huele a plomo derretido
donde las olas, de tanto rebelarse
no pueden gritar más.

Hubo una vez un aire...
Un mar...

Un cielo...

Y el poeta cantaba.

Decidme…

Si hoy me siento poeta...
¿A quién le canto?

Palabras que dicen tanto

Palabras, solo palabras
que te van a hacer pensar
tan solo hay que pronunciarlas
ellas harán lo demás.

Anda, repite conmigo
deletrea lentamente
mantén cerrados los ojos
y deja volar tu mente.

Tú...

Amigo...

Paz...

Amor...

Luz...

Ayuda...

Dar...

Perdón...

Ella...
Estrella...

Mar...

Color...

Escucha música suave
en ti mismo está la clave...

El poeta vanidoso

Un poeta sabio y presuntuoso
leia con desdén aquel poema;
una pobre poesía cuyos esquemas
eran los de un labriego bondadoso.

Y reía sin piedad, el vanidoso
porque su poesía era suprema.
"Al verso del labriego falta tema"
pensaba y repetía, el orgulloso.

Y mientras se reía en tono altivo
una musa cortó su vano orgullo
indicando al poeta el gran motivo...

"Un poema puede ser, solo un murmullo
que embargue el corazón del que está vivo
y el del labriego, impacta más que el tuyo".

Cambio climático

Hermanos gritad muy fuerte
que nos rompen el mañana
que están destrozando el bosque
que el agua, ya no es el agua.

Que el cielo se ha rebelado
y el azul del horizonte
ayer tan limpio y profundo
hoy no es azul, luce ocre.

La fuente no es una fuente
el mar un estercolero
los peces no viven, mueren
los ríos son los vertederos.

La luna es roja, no blanca
porque está llorando sangre
el sol no calienta, quema
la tierra se abrasa, arde.

El pulmón de la Natura
no respira, falta el verde
se están quemando los bosques
el desierto avanza y puede.

El viento trae olor fétido

las nubes presagian muerte
y los casquetes polares
se derriten impotentes.

La avaricia hincó sus garras
en este mundo, que es nuestro.
¿Qué fue del planeta azul...?

Ahora es un planeta negro.

La rabia

La rabia me come
la rabia me puede
la rabia me roe
la rabia me vence.

La rabia, la rabia, la rabia.

¿Por qué estar furioso
si de nada sirve?

Quiero apaciguarme
mas la rabia sigue.

La rabia, la rabia, la rabia.

Pandemia

¿Por qué te estoy amando
precisamente ahora?
Ni yo mismo lo entiendo.

El mundo está en peligro
los ojos pérfidos y oscuros de la muerte
nos persiguen ahora.
Y yo te estoy amando…

Disfrutan mientras miran la agonía
de nuestra frágil raza.
Ya han muerto tantos...
Y yo te estoy amando…

La muerte, procurando está, el preciso
momento para utilizar la daga.
Ya tiene la victoria asegurada.
Y yo te estoy amando...

La pandemia nos apartó del parque
nos ha robado el río
no vamos por el prado.
Y yo te estoy amando...

¿Acaso estamos locos
al unir nuestros cuerpos como nunca?

Pero es lujo, placer digno de dioses
morir oliendo a tí
impregnados mis poros de tu esencia.

Esperemos amando
a la pérfida Parca, si nos toca
porque la muerte a tu lado es placentera.
Dejemos que nos lleve… ¡Cuándo quiera!

Y si acaso ya viene de camino
que se lleve tu cuerpo junto al mio
en parihuelas negras.

Contenido